꿈을 이루는 일기
a dream-making diary

발아원출판사

- 목차 -

⟨꿈을 이루는 일기 쓰기⟩

⟨꿈 관련 참고 도서, 키워드⟩

⟨꿈을 이루는 일기를 15년째 쓰며⟩

⟨꿈의 목록-저자⟩

⟨꿈의 목록⟩

⟨비전보드 - 구체화, 세분화⟩
가슴 뛰는 일
잘하는 일
버킷리스트 : 하고 싶은 것, 갖고 싶은 것, 가보고 싶은 곳
구체적 목표 : 장기, 중기, 단기, 성취한 일

⟨꿈을 이루려면⟩
나에게 가슴 뛰게 하는 일이란?
포기하지 말고 끝까지 하라
푯대를 정하고 꿈을 위해 달려라
실패한적이 없다는 것은 아무것도 하지 않은 사람이다.
꿈에 대해 확신과 믿음이 생겼을 때 계획하고 끝까지 하라.
꿈을 이루기 위한 목표를 구체화, 세분화 한다.
벼랑끝에 서는 용기를 가져라.
꿈꾸지 않으면 아무것도 이룰 수 없다.
미래를 그리면 오늘의 삶이 달라진다.

⟨자기 자신 이해하기⟩
강점을 강화하라. 먼저 자신의 강점 지능을 찾아라.
나 자신을 응원하자, 보다 나은 내일을 꿈꾸며

⟨자신의 마음 보듬기⟩
상한 마음은 회복될 수 있습니다.

⟨꿈꾸는 자에게는 절망은 없다⟩

⟨일기⟩ 감사한 일, 오늘 실행한 일, 아이디어 메모

⟨꿈을 이루어 가며⟩ 이루어진 일, 이루어갈 일, 유언장, 묘비명

〈꿈을 이루는 일기 쓰기〉

그 동안 막연히 꿈꿔 왔던 것,
그 일만 생각하면 열정이 생기고
가슴이 뜨거워지는 것을 일기에 적어나가며
꿈을 찾아 이루어 가도록 구체화해 나갑니다.

어렵고 힘든 일이 있을 때는 일기를 쓰지 않고
그 동안 써온 것을 읽어보면, 다시금 충전되고 회복되는
귀한 시간이 될 것입니다.

속도가 중요한 것이 아니라 방향이 중요한 것,
올바른 방향만 제대로 잡으면
그 길을 향해 준비하며 나아가면 되는 것입니다.

꿈을 이루는 일기를 써 가면서 나아갈 방향을 잘 찾아
꿈을 이루는 귀한 열매를 맺으시기를 기원합니다.

여기가 종착역이 아니고,
이제 다시 일어서서 가야할 길이 남아 있습니다.

새롭게 피어나는 것은 아름답습니다.

도서출판 발아원 l 2019년 10월 23일 초판발행 l 저자 김미자
T (02)322-7250 l F (02) 322-7257 l 사업자 676-94-00432
www.balawon.modoo.at l Made in Korea l 정가 12,000원
(구)발아원 상담센터 원장   (현)발아원 출판사 대표

〈꿈 관련 참고도서 키워드〉

[쓰면 이루어지는 일기쓰기의 기적] 이철우
 인생을 바꾸는 가장 쉬운 습관

[청춘아, 너만의 꿈의 지도를 그려라] 김태광
 일기장과 메모는 나의 힘, 꿈을 이루기 위한 어떤 전략이 있는가?

[쓰고 상상하고 실행하라] 문준호
 마우스 보다 펜이 강하다. 성공한 사람들은 비밀 일기를 쓴다.

[꿈꾸는 나를 응원하라] 전혜림
 자신의 가능성을 시험하기에 너무 늦은 시간이란 없다.

[내가 꿈을 이루면 나는 누군가의 꿈이 된다] 이도준
 자신의 꿈을 향해 달려, 마침내 꿈을 이룬 사람들의 감동 이야기

[버킷리스트] 김윤경
 꿈을 적으면,
 이룰수 없는 막연한 꿈이 아니라 이룰수 있는 구체적인 꿈이 된다.

[꿈을 키워주는 사람] 웨인 코데이로
 힘껏 날아 오른다는 것, 껍질을 깨는 꿈의 힘, 우리는 보석함이다.

[꿈과 믿음이 미래를 결정한다] 류태영
 꿈을 잉태하고, 꿈을 계획하라.

[꿈꾸는 자가 오는도다] 강준민
 꿈꾸는 자는 훈련을 통해 준비된다.

[꿈꾸는 다락방] 이지성
 당신이 돌아와 이루기 전까지 꿈은 결코 당신을 잊지 않는다.
 꿈을 꾸기 시작하면 방법이 생긴다.

[노숙인 관련 논문]

<꿈을 이루려면>

　가슴 뜨겁게 올라오는 지속적인 열정과 꼭 이루어 내고야 말겠다는 굳은 의지가 꿈을 현실로 바꾼다.　나의 꿈은 목숨과도 바꿀 만큼 소중한가.　얼마나 절실하게 원하느냐가 성공을 결정한다.　기필코 이루어 다른 사람에게도 꿈을 심어 주겠다는 마음으로 임해야 한다.

　로마는 하루아침에 이루어지지 않았다.　가장 많이 인내하는 자에게 성공은 주어진다.　모든 위대한 일의 처음은 불가능한 것이었다.　목표가 정해졌으면 앞만 보고 달려야 한다.　모든 사람이 안 된다고 해도 나는 할 수 있다는 확신을 가지고 추진하라.

　꿈만 꾸지 말고 계획하고 실행하라.　작은 일에 충성된 자에게 큰일도 맡긴다.　미래의 꿈을 위해서는 현재의 노력이 반드시 필요하다.　조그만 목적을 하나씩 달성해 나가면 큰 꿈을 이루게 된다.

　자기가 선택한 것에 대한 믿음을 가지고 끈기 있게 실천할 때 꿈은 이루어진다.　자신의 꿈의 방향으로 꾸준히 나가며 꿈꾸는 삶을 이루기 위해 최선의 노력을 하라.　회복되지 못 할 사람은 아무도 없다.

　꿈을 이룬다는 것은 끊임없이 체크하고 다듬고 수정할 때 이루어진다.　꿈을 이루기 위해 해내고야 말겠다는 강한 의지와 해 낼 수 없다면 시작하지도 않았을 것이라는 각오로 임해라.　쟁기를 잡고 뒤돌아보지 말라.

　길이 끝났다고 생각되는 곳이 바로 다시 길이 시작될 수 있는 곳이다.　세상에서 낙망하고 갈 바를 몰라 할 때 바로 그 순간이 꿈을 꿀 수 있는 시점이다.　간절한 꿈이 있다면 두려움과 정면 승부를 하라.

　사람은 어떤 꿈을 꾸느냐에 따라 미래가 만들어진다.　꿈은 우리를 움직이게 하는 원동력이다.　최고의 목표를 향한 노력의 끈을 절대 놓지 마라.　이 세상에서 가장 멋진 일은 인생을 바칠만한 꿈과 목표를 가진 것이다.

　인생 전체를 그림처럼 설계도를 그려나간다.　막연히 생각에 머물지 말고 행동 지침을 구체적으로 세워라.　소외계층 사람들에게 힘을 실어 줄 수 있는 꿈 너머 아름다운 꿈을 꾼다.

〈꿈을 이루는 일기를 15년째 쓰며〉

-소명을 이루신 어머니-

 60년쯤 전에 어머니께서는 고아 300여명을 데리고 고아원을 운영하셨습니다. 그런데 그 후 고아들이 살고 있던 집이 팔리게 되는 일이 벌어지게 되었습니다. 아무런 대책도 없이 고아들이 길거리로 나가게 되었습니다. 어머니께서는 전에 농장을 하나 사 두셨는데 그 곳에는 쓰러져가는 초가집 한 채 뿐이었습니다. 그나마도 다행으로 여기시고 그 곳으로 들어가셨습니다. 아무것도 없는 상황에서 새벽이면 무릎 꿇고 하나님께 집을 짓게 해 달라고 기도하셨습니다. 재료를 구할 방법을 일러 주시면 기도를 끝내고 공사를 하시곤 하셨습니다. 매일 새벽마다 앞서가시며 준비하여 주시고 동행하시는 주님의 인도하심을 경험하며 결국 숙소를 짓게 되었고 문제없이 고아들을 데려올 수 있었습니다. 지금까지 60년 가까이 고아원과 대안학교가 자리 잡게 된 것입니다. 새벽기도를 하실 때면 어머니는 주님께서 말씀하실 때까지 기도하셨고, 말씀하시면 즉시 행동으로 실행하셨다고 하셨습니다. 천국에 가셨지만 그런 어머니의 모습은 지금도 제 가슴에 깊은 감동으로 남아있습니다. 무에서 유를 창조하시는 하나님의 역사를 기도를 통해 이뤄내신 어머니의 믿음의 유산이야말로 제게는 가장 큰 힘이 아닐 수 없습니다. 저도 주님께서 앞서 가시며 예비하신 그 길을 따라가기 위해 무엇보다 전심으로 기도하며 나아가겠습니다.

-내게 주신 소명-

 기도하는 가운데 저의 마음에 관심을 갖게 하는 분들이 있었습니다. 정상적인 생활을 영위하던 분들이 외상 후 스트레스 장애로 우울증과 부정적인 생각 등으로 삶을 포기하고 외부와 단절하고 있는 분들이었습니다. 그러면서 그 분들을 도와야겠다는 막연한 생각을 갖게 되었습니다. 막연하나마 내 마음 속에 있던 생각을 침대에 누운 채로 "좌절하고 낙망한 이들을 회복시키는 일을 하고 싶은데 누구를 대상으로 할까요?" 주님께 질문하고 있었습니다. 혼잣말 같은 저의 마음에 강하게 울리는 단어가 있었습니다. '노숙인' 그것이 15년 전 일입니다. 그 다음날 저는 노숙인의 거주지로 대표적인, 서울역으로 나가 보았습니다. 노숙인이라는 말은 알지만 실상은 잘 모른다는 생각이 들어 일단 한번 나가 만나 봐야할 것 같았습니다. 비가 내리고 있었지만 마음을 먹으니 지체할 수 없이 떠밀리듯 서울역 지하도로 향했습니다. 밖에 비가오고 있기에 서울역 지하도에 많은 분들이 모여 있었습니다. 그분들을 보는 순간 통곡이 나오며, 전에는 느끼지 못했던 마음으로 기도하게 하셨습니다. 그 후 매일 새벽 그분들을 향한 마음을 부어주셔서 가슴에 품고 눈물로 기도하게 하셨습니다. 점점 그분들을 회복시키는 일을 해야겠다는 마음이 다져지게 되었습니다. 저의 마음은 그분들 생각으로 가득 채워져 다른 것이 비집고 들어갈 틈조차 없게 되었습니다. 서울역은 내 마음을 송두리째 빼앗아버렸습니다. 그분들을 생각하며 가슴이 뜨거워지기 시작했습니다. 그 때부터 뜨거운 열정은 꿈이 되어 일기장과 속삭이며 구체화되기 시작했습니다. 저의 삶은 구체적으로 세분화되어가는 계획들로 가슴이 벅차올랐습니다.

-준비하게 하심-

벅찬 가슴을 쏟아 부으며 준비하느라 발걸음이 바빠졌습니다. 보육경영학 석사, 사회복지사 1급, 심리상담사, 원예치료사, 평생교육사, 조경기능사, 도시농업관리사, 일식조리사 자격증 등을 갖게 되었습니다. 그분들에게 다가가기 위해서였습니다. 그것들을 활용해 상담하며 꿈을 꾸게 하고 싶었습니다. 자신에게 맞는 일을 찾게 하고 교육도 받게 하고 일을 할 수 있는 소규모의 사업장을 열어 실제적 경제 활동을 하도록 길을 열어드리고 싶었습니다. 제 꿈인 자활이 가능한 분들을 다시 일을 가지고 열정을 갖고 살아갈 수 있도록, 진정한 회복의 길로 갈 수 있도록 돕기 위한 발아원을 시작하게 되었습니다.

-발아원 상담센터-

서울역 대로변에 1층, 2층, 옥상이 있는 작은 건물을 임대해 발아원 상담센터를 2010년 9월2일 개원하였습니다. 발아원을 통해 어렵고 힘든 분들이 꿈을 찾고 새로운 삶을 살 수 있게 되는 회복의 장이 되길 희망했습니다. 많은 사람들이 그들은 어쩔 수 없고 회복 불가능하다고 이야기들을 합니다. 그럴지라도 저는 한번 해 보고 싶었습니다. 변하여 회복되는 사람들도 있을 것이고 온전하게 회복이 안 되더라도 지금보다는 나아질 수 있을 것 같았습니다. 그냥 포기할 수 없었습니다. 하는데 까지 해보고 싶을 뿐입니다. 정착해서 살고 싶은 시설을 만들고 공동 사업을 활성화해서 적성에 맞게 기술을 훈련하면 꿈을 찾게 될 것 같았습니다. 삶의 의욕을 일으켜만 주면 그들의 꿈이 역동적으로 그들의 삶을 일으켜줄 것 같았습니다. 그래서 낙망된 마음으로 찌들대로 찌든 부정적인 습관들이 어둠에서 빛으로 새로운 피조물로 다시 태어나면 좋겠다는 바램뿐입니다.

-2009년 어느 날-

전철을 탔는데 노숙인 자매의 모습이 보였습니다. 그녀 주변에는 사람들이 피해 긴 의자에 혼자 앉아 있었습니다. 긴 머리는 때가 절어 달라 붙어있고 머리를 무릎사이에 끼고 있었습니다. 그 모습을 보는 순간 그 자매가 죽을 것만 같다는 생각이 들었습니다. 그래서 어깨를 흔들면서 불렀습니다. 만원짜리 한 장을 주며 말했습니다. "살아야 됩니다. 기운내세요."라고 이야기를 하자. 너무도 힘이 없는 눈으로 나를 바라보며 고개를 끄덕였습니다. 전철을 갈아타야 해서 내렸는데 마음이 안타까움으로 무거웠습니다. 그 말 한마디가 그 자매에게 무슨 도움이 된단 말인가? 무력한 나를 보며 아픈 마음을 가눌 길이 없었습니다. 지금 그 때 기억을 떠올리며 이 글을 쓰면서도 가슴이 아파 터질 듯합니다. 그리고 또 얼마 후, 전철에서 이번에는 노숙하는 형제를 보게 되었습니다. 노숙하는 형제님들을 많이 보아왔으나 그런 모습은 본적이 없었습니다. 온 얼굴이 떼가 끼어 완전이 흑인의 얼굴이었습니다. 그리고 머리를 긁으며 뭔가를 털어내고 있었는데 처음에는 저도 주춤 했습니다. 그리고 그의 눈을 보았습니다. 그러나 그의 눈은 겉모습과는 다르게 너무도 평온하고 맑은 눈동자였습니다. 그래 겉모습이 전부가 아니고, 오히려 그의 속사람은 깨끗하지 않을까

하는 생각으로 바라보게 되었습니다. 그 맑은 눈동자를 보자 겉모습은 보이지 않고 뭔가 모를 희망 같은게 보이기 시작했습니다. 이번에도 만원을 드리고 '식사하세요'라는 말만 남기고 전철을 내릴 수밖에 없었습니다. 그러나 내 마음 가운데 알 수 없는 것이 꿈틀대기 시작하면서 '이분들을 회복시키자. 온전히 다시 사회의 한 일원으로 꿈을 꾸며 살아가게하자.'고 외치는 소리가 되어 올라오기 시작했습니다.

-2009년 6월 11일-

 서울역 쪽으로 걸어가고 있는데, '너는 냄새나는 것에 민감하고 지저분하고, 맛없는 식사를 싫어하는데 노숙인들에 대한 사역을 할 수 있겠니?'라고 말씀하셨습니다. 그래서 저는 '냄새나고 지저분하면 할 수 없어요' 하고 주저 없이 단호하게 말했습니다. 사실 냄새나고 지저분한 사람들과 같이 생활을 한다는 것, 같이 밥을 먹는다는 것은 할 수 없을 것 같았습니다. 그 말씀은 제게 현실적 도전이 되었습니다. 그러나 그 도전은 나를 주저앉게 하지 못했고 오히려 나의 꿈을 더욱 구체적이고 선명하게 다듬는 인도하심이 되었습니다. "주님. 그렇다면 그들에게 깨끗하고 좋은 환경을 마련해 주면 됩니다. 입소할 때부터 목욕을 하게하고 깨끗한 옷을 입고 음식도 맛있고 좋은 음식을 먹게 하면 됩니다. 자존감을 가질 수 있을 만한 아름다운 환경에 유실수와 온갖 신선한 야채를 키우며 자급자족하도록 하면 됩니다. 그렇게 해서 생활태도를 변화 시킬 수 있도록 주님을 인격적으로 만나도록 인도하면 됩니다. 각 사람의 꿈을 찾아주고 그 꿈을 이루어나갈 수 있게 함께 해주고 그들이 다시 사회로 나갈 수 있도록 엄청난 변화의 장을 만들어 주면 됩니다. 그래서 냄새나고 지저분한 사람들과 상대하지 않고 변화시켜 청결하고 성실하고 신실한 사람들하고 살 거예요" 라고 말씀드릴 수 있었습니다.
(그 후 발아원 상담센터를 할 때, 절대로 씻는 것을 싫어하시는 분이 자주 오셨는데, 밥을 사달라고 하셔서 함께 식사를 하게 되었는데 아무 냄새도 느끼지 못했고, 지하차도에서 밥 퍼주는 봉사를 할 때도 맛있는 국 냄새만 느낄 뿐이었습니다. 주님의 은혜였던 것입니다.)

-부어주신 마음-

 열정의 힘은 다시 새롭게 각오를 단단하게 해주어 이겨내지 못할 일이 없게 하고, 이제는 늦었다고 생각되더라도 지금이 시작할 최선의 때라는 것을 알게 합니다. 비전을 가지고 소망하는 곳을 바라보며 현실적 필요들에 반응하며 최선을 다하다 보면 우리 모두가 바라는 곳까지 갈 수 있으리라 생각됩니다. 그들이 새롭게 변화되어질 수 있는 그 곳을 생각하면 가슴은 몇 번이고 설레임으로 불을 붙여 줍니다.
 참으로 주님께서는 준비된 자를 택하시는 것이 아니라 택하신 사람을 준비시켜 가심을 봅니다. 우리를 부르실 때는 이미 모든 것을 예비하시고 과정마다 친히 인도하시면서 현장 교육으로 가르치시고 이루시면서 우리를 준비시키십니다. 우리에게 필요한 것은 그걸 믿고 나아가는 것 뿐 입니다. 믿는 자에게는 설명이 필요 없고 또한 믿지 않는 자에게는 설명이 불가능합니다.

-나의 꿈-

 산을 오르지 않으면 그 산은 계속 오르지 못할 산으로 남아 있을 뿐이다. 그러나 힘들고 길을 모르더라도 올라가다보면 정상에 오를 길도 보이고 오를 힘도 생기고 동반자나 안내표시판도 있어 포기하지만 않으면 결국에는 정상에 이른다. 좁고 험한 길이지만 꿈의 정상을 믿음으로 한 걸음 내 딛고 나아갈 때 이룰 수 있다. 더 이상 못 하겠다 하다가도 가슴이 터질 것처럼 부어주시는 열정이 나를 몰아간다. 못한다. 하지 말라. 힘들다. 고 말하는 안팎의 소리들이 들린다. 그렇게 말린다고 그만 둔다면 그건 소명이 아니다.
 꿈을 꾸는 것이 중요합니다. 그 꿈 때문에 흥분되어 잠 못 이루고 설레는 밤을 보내는 것은 행복입니다. 그 꿈이 이루어지는 것을 보고 싶어, 꿈을 찾은 사람들은 가만있지 못하고 어서 새벽이 오기만을 기다립니다.

 15년 전 회사 문을 닫는 과정에 있었을 때, 꿈을 이루는 일기를 써나가면서 침체되고 힘들었던 마음을 쏟아내기 시작했습니다. 꿈을 꾸면서 심신이 회복이 되어가는 나를 보았습니다. 나 자신의 문제만으로도 힘들어서, 보이지 않던 다른 사람의 삶도 다시 돌아보게 되는 마음의 여유도 찾게 되었습니다. 모든 세포가 다시 살아나고 행복감과 기쁜 마음으로 입가에 미소가 피어나기 시작하며 다시 삶의 의욕이 생겨났습니다. 터져 나오는 감사의 에너지로 또 다시 걷기 시작하며 구체적으로 길을 찾아 꿈의 푯대를 향해 나갈 수 있게 된 것입니다.

-2009년 9월 18일-

안 좋은 상황, 극복할 수 없는 장애물, 끝날 것 같지 않은 절망감이 밀려옵니다. 내 마음을 돌아보며 '절대 포기 하지 말아라.' 격려를 해 봅니다. 나는 그저 나를 부르신 그 분만을 바라보며 나아가기만 하면 됩니다. 내가 길을 잃어 버렸고 내 힘이 바닥나서 주저앉을 수밖에 없더라도 하나님 나라는 하나님이 세우시기 때문에 괜찮습니다. 하나님은 지치지도 졸지도 않으시기 때문입니다. 내게 꿈을 주며 부르신 하나님을 바라보니 평안함으로 마음이 포근해집니다. "주님 이런 상황에서도 주님께서 주신 성령 충만함으로 인해 감사와 기쁨의 찬양을 올려드릴 수 있는 평강을 주셔서 감사합니다. 늘 주님 안에 거하며 주님이 주신 소명을 향해 나아가겠습니다."

꿈은 나의 삶의 이유이다. 삶의 이유를 가진 사람은 삶의 어떤 어려움에도 포기하지 않는 인내가 생긴다. 좌절하고 낙망하는 것은 자신의 삶에 의미인 꿈을 찾지 못했기 때문일 수 있다. 아니면 그 꿈이 하나님이 아닌 내게로부터 온 것일 수도 있다. 하나님께서 그분들에게도 좌절과 낙망 중에서 일으켜 줄 수 있는 꿈을 주시기를 구해본다. 나는 그분들의 손을 잡고 함께 꿈꾸며 함께 춤추며 함께 갈 것이라 다짐해 봅니다. 황폐해진 거리에서 즐거워하는 소리 기뻐하는 소리가 들리는 아름다운 그 날을 꿈꾸며 행복감에 젖어봅니다.

-쟁기를 든 자는 뒤를 돌아보지 않는다.-

하나님께서는 우리의 마음에 소원을 품게 하시고 그 소원을 통해 일하십니다. 아무리 좋은 아이디어라도 생각에만 머물러 있으면 사상누각인 공상에 불과하지만, 몸을 움직여 행동 할 때 바다에도 길이 생깁니다. 그래서 꿈을 이루는 단 하나의 비결은 발로 뛰는 것입니다. 그렇게 뛰어 지금 여기까지 왔습니다. 나에게 많은 시간이 있지 않고 나눌 수 있는 것들도 많지 않습니다. 하지만 석양의 시간은 오히려 아름답고, 풀었던 여장을 다시 여미는 긴장이 있어 좋습니다. 어둠이 오기 전에 부지런히 움직여 단을 묶어야겠다는 바쁜 서두름이 좋습니다. 빛이 있는 동안에 ...

-2010년 3월 5일-

내 꿈이 하나님의 사랑의 강에서 발원한 것인지 순수한 금인지 성찰하는 시간을 주십니다. 꿈을 이루어야 한다는 강렬한 의지를 불태우느라 숨 돌릴 틈이 없던 것은 아니었나 숨고르기 할 시간을 주십니다. 나의 꿈의 행보에 대한 평가를 듣는 것이 아픔이 될 때, 주님께서 주시는 빛입니다. 힘들고 어려울 때 연약함을 토로하는 내게 격려와 위로와 용기가 아닌 옳고 그름에 대한 판단으로 다가오는 말이 나를 더 깊은 수렁으로 끌어 내릴 때, 주님께서 이끌고 가시는 숲속입니다. 그렇게 쉬다보면 앞만 보고 달려오느라 내 손길을 받고 싶어 하는 이들을 놓쳤던 것이 눈에 들어오기도 하고 나의 도움이 필요한 사람도 다시 보이게 되어 좋습니다. 다시 주변을 둘러보러 가자고 이끄시는 주님을 따라 나서며, '이게 성공한 삶이고 가장 가치 있는 삶이지' 홀로 흐뭇해 합니다.

-네가 선택한 길에서 뒤돌아 보지마라-

단순히 구호품을 지급해 주는 것은 가난이라는 문제를 온전하게 해결하는 대안이 될 수 없습니다. 인간이 육적일 뿐 아니라 심리, 영적인 존재임을 고려할 때 육적인 필요 뿐 아니라 마음의 성취감을 갖게 해 주는 것도 매우 중요함을 느낍니다. 일자리를 만들어낼 방도에 관해 고민하고 작은 사업들이더라도 일자리를 창출할 필요가 절실해 옵니다. 소규모 사업 아이디어를 개발하여, 사업체를 세우고 사람들을 고

용해줄 수 있는 미래를 바라봅니다. 어느새 마음은 나의 삶과 사업에서 모험을 감행할 준비로 다져집니다. 자활능력을 키워주기 위해서라도 내가 먼저 경제활동을 하며 바로 서는 성공적인 모습을 보여주려 합니다. 약간의 자본이 인생을 얼마나 크게 바꾸어 놓을 수 있는지 보여주고 싶습니다. 무엇보다 자신의 환경을 극복하려는 열망과 함께 신뢰, 정직을 바탕으로 약속한 날짜에 일 마치는 것, 그 일이 예산대로 진행하게 하는 것 등 변화되어야 할 중요한 이슈들이 떠오릅니다.

-이루어 갈 일-

발아원을 통해 회복되고자 하는 의지가 생기고 변화되고자 하는 그들에게 숙소와 자활센터, 사업장이 만들어져 온전히 회복이 될 수 있는 장을 만들어 가려합니다. 할 수 있는 모든 문을 두드리고 최선을 다해 나갈 것입니다. "주님, 우리 형제님들이 이 과정을 통해 심리적 안정과 상처가 치유되고, 무엇보다 갈 길을 찾게 되고 경제활동을 할 수 있도록 도와주소서."

일대일 상담을 통해 그들의 살아온 과정 경청하고, 왜 그의 문제 해결 능력이 어느 시기에 무너졌는지? 위기로 치닫게 한 주된 문제가 무엇인지? 인생의 상실을 찾아내고, 상처로부터 회복되도록 비통과 분노와 용서 할 수 없는 마음을 끌어내 주고 싶습니다. 상실과 아픔을 통해 오히려 삶을 잘 정돈하고 재도전할 수 있는 희망과 긍정적인 마음을 북돋아 주고 싶습니다. 나아갈 방향을 제시하여, 그들이 의미 있고 목표지향적인 행동을 하도록 자극하면서, 발견한 꿈과 적성에 맞게 필요한 기술들을 준비 할 수 있게 돕고 싶습니다. 함께 의논하면서 선택하고 결정해 가면서, 늦었다고 생각하는 그 때가 제일 이른 때라고 믿고 시작하도록 힘을 실어주고 싶습니다. 시간이 중요한 것이 아니라 방향이 중요한 것이니 잘 조율한 방향을 향해 다시 시작 할 수 있도록, 그래서 그들이 새로운 꿈을 바라보며 힘들더라도 한 발 한 발 나아가기를 바라는 마음입니다. 종이박스에 신문지 몇 장 깔고 지친 눈을 감고 다른 세상을 꿈꾸며 잠을 청할 수밖에 없는 그들에게...

여기가 종착역이 아니고 우리 다시 일어나 가야 할 길이 남아있다는 것을, 외면하지 말고 당당히 맞설 수 있도록 용기를 주고 싶습니다. 긴 밤 지나가면 새 날은 반드시 온다는 것을 알고 자신의 인생이 거기서 그대로 끝나 버리지 않을 것이라는, 죽을 수밖에 없을 것 같지만 미약한 힘이나마 온 힘을 다해 꿈을 찾고 다시 새롭게 싹을 틔우고 발아할 수 있도록 응원해 주고 싶습니다. 한 영혼 한 영혼 그 개인의 삶과 깊은 내면의 세계에 같이 들어가 진정 그가 원하는 것이 무엇인지, 그가 문제가 되었던 것이 무엇인지, 그가 놓아버린 재능과 꿈이 무엇이었는지 이해하고 아파하고 고민하며, 새로운 싹을 어디서 틔워야 하는지, 발아점을 함께 찾고 싶습니다. 정신적으로나 육체적으로 경제적으로 전인적 회복이 일어나, 사회로 다시 나아갈 수 있도록, 임시방편이 아닌 갱생의 길을 열어 주고자 합니다. 노숙을 시작한 원인을 상담하고 그에 맞는 대책을 마련하고, 자립의지가 있는 사람은 각자에 맞게 자립할 기회를 제공하고 제대로 된 관심과 지원을 해드리고 싶습니다. 이렇게 자립의 발판을 마련해 줄 수 있는 자활센터를 만들어 꿈을 펼칠 수 있는 마당을 마련해야겠다는, 꿈을 그려보는 것만으로도 가슴이 벅차오릅니다. 이제 구체적 실천의 장으로 나아가려고 한 발을 내딛고 있습니다. 다음 단계 일을 하게 하여 주소서.

-식물원-

 원예식물을 가꾸는 것 자체도 좋지만 취미를 넘어서 부가가치가 있는 경제활동까지 이어져 수익을 낼 수 있는 원예 교육을 받게 하고 싶습니다. 무엇보다 그 과정을 통해 스트레스도 해소되고 심신이 안정되는 등 원예치료 효과까지 기대할 수 있으니 더 좋은 것 같습니다. 서울근교 아름다운 산자락의 땅에 온갖 유실수와 특수작물들을 재배하고 약용식물들을 키우고 허브를 키우며 멋진 조경도 만들고 그야말로 에덴동산 같은 아름다운 식물원을 만들고 싶은 꿈이 생겼습니다. 우리 형제들이 그곳에서 작업을 통해 경제활동을 할 수 있는 일석이조의 효과를 기대할 수 있는 귀한 장소가 될 것입니다. 그동안 누구의 잘못이었든, 힘들었던 그들에게 낙원을 체험하게하고 그곳에서 지난 모든 상처들을 치유 받고 새롭게 꿈을 찾아 적성에 맞는 일을 하고 그것을 통해 자립을 도모하여 세상으로 다시 나갈 수 있게 되었으면 좋겠습니다. 그렇게 회복된 그들이 다시 어려운 사람들을 돌아보는 사랑의 띠에 많은 사람들이 동참을 해 어느 누구도 좌절과 고통과 슬픔에 갇혀 있지 않고 삶을 포기하지 않을 수 있는 곳이 시작되었으면 좋겠습니다. 모두가 회복되는 기적의 장이 될 수 있도록 발아원의 가는 길을 축복하여 주시고 임마누엘 하나님의 품 안에서 이곳에 들어오기만 하여도 온전한 회복의 길로 갈 수 있는 그런 곳이 되게 하여주소서.

-꿈을 이루는 일기를 쓰며-

가슴이 살아있어야 꿈을 꿀 수 있고 신이 나야 춤을 출 수 있다. 꿈을 이루기 위해서는 사람들에게 말해야 한다. 꿈을 적어야 한다. 꿈을 이루기 위해서는 힘겨워도 견뎌야 하는 시간이 있다. 꿈이 자신만의 꿈에 머물지 않고 많은 사람을 자라나게 해 주는 것이라면 좋은 꿈이다. 다른 사람의 징검다리가 되어주는 꿈 너머 꿈이어야 한다. 누군가가 꿈을 이야기 할 때 그 꿈을 격려하고 응원해 줄 수 있으면 함께하는 아름다운 여정이어서 더 좋다. 절망에 빠진 분들의 손을 잡고 함께 갈 수 있는 좋은 꿈은 나뿐아니라 다른 이들에게도 행복이 되기 때문이다.

-주님의 뜻을 이루소서-

2016년 3월, 같은 꿈을 몇 번 꾸었습니다. 좁은 길을 따라 가고 있는데 황량한 들판이 나오는 것이 보였고 그것을 보고 있는 제 마음이 무척 쓸쓸했습니다. 다시 꿈을 꾸는데 황량한 들판에 한 사람 두 사람 손에 손을 잡고 점점 많은 사람들이 회복된 기쁨으로 감사와 찬양을 올려드리는 꿈이었습니다. 비전이 빛을 발하는 것 같이 너무도 기뻐서 감동으로 벅차올랐습니다. 꿈속에 보이는 것들이 현실에 나타나기까지 달려갈 수 있을 것 같습니다. 내게 능력 주시는 자 안에서 내가 모든 것을 할 수 있느니라. 참으로 소망은 꿈 꿀 수 없는 자에게 꿈을 꿀 수 있게 하는 기적 같은 묘약입니다.

-아름다운 세상을 꿈꾸며-

 그들의 마음을 회복시켜서 고질적인 악습관에서 벗어 날 수 있도록 힘을 실어주기 위해 비난만 하고 방치하는 무관심에서 벗어나야겠습니다. 피리를 불면 춤을 추듯이 수혜자분들도 좌절되어 무기력해져버린 마음을 추스르고 자리를 털고 일어나, 게으르고 나태한 습관을 버리고 신성한 노동을 통해 회복의 길로 갈 수 있도록, 줄탁동시의 협력으로 새로운 생명의 역사가 일어났으면 좋겠습니다. 일하는 즐거움을 다시 찾게 되고 회복의 파도가 서울역에 넘쳐흐르기를 간절히 바라는 마음입니다.

-발아원(죽어져가는 영혼에 싹을 틔워 가는 곳)-

 소외계층 분들이 비참하고 열악한 주거 환경을 벗어나 인간답게 살 수 있는 곳을 꿈꿉니다. 소박한 원룸형 기숙시설, 자활센터, 소규모 사업장 등을 세워 입주하게 하는 것을 꿈꿉니다. 그렇게 모두가 옮겨 오는 날, 손에 손을 잡고 강강술래를 하며 감사와 기쁨을 노래 할 수 있게 될 것입니다. 이 꿈이 이루어지는 엄청난 기적의 장이 언제 어떻게 이루어질지 모르겠지만 약자의 친구로 오신 주님의 꿈이시니 친히 이루어 가실 것입니다. 함께 꿈을 꾸며 주님과 협력하는 자체만으로도 저의 인생은 너무도 아름답고 황홀할 것입니다. 꿈을 꾸게 하시는 주님과 함께하는 이 길로 여러분을 초대하고 싶습니다. 아름다운 꿈을 이루어 나가는데 함께 해 주시기를 바라는 간절한 마음으로 받은 축복을 나누며, 귀한 서울역의 꿈에 동참하며 함께 이루어나갈 동역자님들을 초대합니다.

www.balawon.modoo.at 홈페이지에서 동역자로 등록해주세요.
저자의 꿈의 목록이 다 이루어 가는 것을 함께 지켜보시며
각자 적어가는 꿈의 목록들이 다 이루어지시기를 기원합니다.

〈서울역 소외계층 분들을 위한 통합시설이 이루어지기까지〉
-보호가 아닌 온전한 회복이라는 사회복지의 새로운 장을 열기를 바라며-

부지-정계, 철도청 : 서울역 부근만 쪽방이 1800세대 정도 됩니다. 노숙하시는 분들, 시설에서 잠만 자시는 분들을 합하면 많은 분들이 서울역에 계십니다. 노숙하는 분들이 집중되는 곳인 서울역에 적합한 부지를 찾았습니다.

건축-재계(기업들의 협력으로) : 자활센터, 소규모 사업장들, 기숙시설

봉사-국민(받은 축복을 나눌 국민) : 재능기부등 십시일반 힘을 실어

소외계층분들 : 서울역 통합시설, 유료식물원 만드는데, 노동력 제공 경제활동 시작 - 새롭게 피어나려고 애쓰며, 한 계단 올라서며

-효과-

서울역이 정화되며, 서울시 모든 쪽방 촌을 재개발해 고밀도 아파트를 지을 수 있는 부지를 확보할 수 있습니다. 그분들은 비참하고 열악한 주거 환경을 벗어나 인간답게 살 수 있도록, 원룸형 기숙시설을 지어 옮겨오게 하여, 아름답고 살만한 세상을 만들어 가기를 간절히 바라며, 이 엄청난 기적의 장이 이루어지므로 모두에게 좋은, 역사의 한 획을 그을 수 있는, 세계적인 모델이 될 수 있는, 이 귀한 일을 우리 모두가 힘을 합해 이루어 갈 수 있도록, 축복을 받은 분들이 동역자가 되어주시기를 바라는 마음입니다.

정계와 재계와 교계와 시민이 함께할 때, 우리 수혜자분들도 동참해 노동을 하며 거기서 나온 재정을 가지고 우리 모두가 함께 세운 그곳에 입성해, 일해서 비용(기숙사)을 내고 남은 재정은 저축을 하며 정상적인 사회인으로 나아가는 첫발을 내딛고 새 소망을 품고 일어서는, 살아있는 현장이 되기를 원하며 거저 받으며 살아가는 비굴함에서 벗

어나 자존감을 가지고 떳떳하게 살아가는 수혜자분들이 되게, 시스템을 제대로 만들어 서울역이 어둠의, 게으르고 나태하고 늪에 빠진 것처럼 허우적대는 아비규환(차마 눈뜨고 보지 못할 참상)의 모습에서 벗어나, 일하는 자만이 살아갈 수 있는 형태로 바뀌게 해, 이분들을 아름다운 빛의 세계로 다시 회복되어 나오게 해, 서울역을 최악의 고질화 된, 그곳에 가면 먹을 것을 주고 옷을 주고 잘 곳을 주고, 나는 삶이 황폐해져 괴로우니 막장의 인생으로, 돈이 조금 생기면 술로 도박으로 하루하루를 달래며 그저 살아가다 병이 생기고 비참하게 생을 마감하게 되어버리게 되는, 이 상황을 방관하며 보고만 있지 말고, 서울역이 일하고자 하는 이들에게 더 큰 특혜를 주는 곳으로 바뀌어, 어려워진 분들이 '서울역에 가면 다시 살 수 있는 길이 열릴 것이다'는 기대로 오는 곳, 서울역의 문화가 완전히 바뀌기를 간절히 바라는 마음입니다.

장애가 있는 분들, 정신질환이 있는 분들, 노약자 분들은 따로 분류를 해서 보호해 드리고, 그 외에 회복 가능하신 분들, 일 할 수 있는 분들은, 일하는 자만이 살아갈 수 있게 제도가 바뀌어야 됩니다. 이대로 방치하면 그들은 그대로 그곳에서 비참하게 생을 마치게 되지만, 그분들이 회복되게 함께 힘을 실어드려 정상적인 사회인으로 나아갈 수 있도록 한다면 이 보다 더 귀한 일이 어디에 있을까 생각됩니다.

이 성읍을 안팎으로 치료하여 완전히 새롭게 세울 것이다. 그들에게 온전한 삶, 복이 넘치는 삶을 보여줄 것이다. 서울역을 치료하고 온전히 새롭게 해 누구의 잘못으로 거기까지 오게 되었든 사랑으로 감싸며 상처를 치유하며 회복시켜주소서. 이제 더 이상 그대로 보고만 계시며 잠잠하지 마옵소서. 나라의 세금이 버려져 버리는 곳에, 거저 주는 곳에 낭비되지 않고, 회색으로 암울하게 되어버린 곳을 다시 새롭게 재건하여 어둠속에 있는 분들을 빛으로 나올 수 있게 하는 귀한 일에 쓰여 지기를 간절히 바라는 마음입니다.
-우리 모두 힘을 실어 서울역을 변화시키기를 간절히 바라는 마음입니다.-

〈꿈의 목록-저자〉

1. 서울역 사무실(비영리법인)
   소외계층 분들 상담, 일자리 찾아 연결해주기(무료 직업소개소)

2. 함께 이루어 갈 동역자 모집- 받은 축복을 나눌 모든 국민
   소외된 분들에게 꿈과 소망을 나누며
   축복의 통로가 되는 방법 찾기(재능기부 등 십시일반 힘을 실어)

3. 평생교육시설 - 동역자분들과 함께
   소외계층 분들 적성에 맞는 교육 받을 수 있도록

4. 기숙시설, 자활센터 부지 - 정계, 철도청
   서울역 쪽에만 쪽방이 1800세대 정도, 노숙하는 분들이 집중되어 모이는 곳인 서울역 근처 땅이 필요함,
   -서울역 부근 철도청 적합한 부지를 찾았습니다.-

5. 건축-재계(기업들의 협력을 받아)
   자활센터와 소규모 사업장들과 기숙시설들을 세움

6. 소규모 사업장들 - 동역자분들과 함께
   쪽방촌, 노숙인분들 자활 자립 회복을 위한
   팀별, 개인별 자립 할 수 있는 여러 가지 방법론을 동원

7. 유료 식물원 - 산림청, 동역자분들과 함께
   서울 근교 아름다운 산자락 - 일자리 창출 - 경제활동 장소

8. 세계화
   소외된 계층분들 회복되어지고, 서울역이 변화된 것을 세계에 알림

〈꿈의 목록〉

〈자기 자신 이해하기〉
-강점을 강화하라. 먼저 자신의 강점 지능을 찾아라.-

다중지능 - 영어 수학이 전부가 아니라, 지능은 삶의 전 영역에 걸쳐 적용할 수 있다. 모든 사람은 한 가지 이상의 영역에서 뛰어난 강점 지능이 있다.

언어 지능 : 구어와 문어에 대한 민감성, 언어 학습 능력, 특정한 목표를 달성하기 위한 언어 활용 능력 등, 읽고, 쓰고, 말하는데 효과적인 언어를 사용하는 능력이다.

논리 수학 지능 : 문제를 논리적으로 분석하고, 수학적 조작을 수행하고, 과학적인 방법으로 문제를 탐구하는 능력, 숫자, 규칙 등에 능통하고, 그에 관련된 문제를 해결하는 능력이다.

음악지능 : 리듬이나 소리 진동과 같은 음에 민감하고 사람의 목소리와 같은 언어적인 형태의 소리뿐 아니라 비언어적 소리에도 민감하며, 연주를 하거나 음악적 양식을 이해하고 작곡하는 기술들을 수반한다.

신체 운동 지능 : 문제를 해결하거나 사물을 아름답게 꾸미기 위해서 자신의 모든 신체나 일부분을 이용하여 어떤 생각이나 감정을 표현하는 능력, 특정한 신체 기술이 포함된다.

공간 지능 : 좁은 공간뿐만 아니라, 항해사나 비행기 조종사들이 경험하는 넓은 공간을 인지하고 다루는 잠재력을 말하며, 시간 공간적 세계를 명확하게 지각하는 능력과 그런 지각을 통해 형태를 바꾸는 능력을 말한다.

대인관계 지능 : 타인의 욕구와 동기 의도를 이해하고 타인과 효과적으로 일을 할 수 있는 능력, 얼굴표정 목소리 몸짓 등에 대한 민감성뿐 만 아니라 상대방의 기분 감정 의도를 읽을 수 있는 능력이다.

자연친화 지능 : 식물, 동물, 광물을 포함한 자연의 세계에 흥미와 관심이 있으며 자신의 환경으로부터 최상의 것을 얻어내는 능력, 환경에 관심을 갖고 자연을 연구하는 능력, 그리고 환경에서 생존하고 적응할 수 있는 능력이다.

자기이해 지능 : 자신을 이해하고 자신의 욕망, 두려움, 재능 등을 잘 다루어 효율적인 삶을 살아갈 수 있는 잠재력을 말하고, 자기이해 지능을 가진 사람은 자신을 위해 정확하고 진지한 삶의 목표를 세우고 그 목표가 자신의 삶에서 효과적으로 작용하도록 사용한다.

 인생에서 탁월함을 발휘하는 사람들 중 공통적으로 발견되는 지능이 바로 자기이해 지능이라고 합니다. 자기이해 지능을 높이기 위해서 자신이 뭘 좋아하는지, 뭘 하고 싶은지, 자신의 내면을 들여다보며 자신을 이해하고 분석하며 자신의 문제를 깊이 인식하며 자신을 명확하게 알아, 자신의 강점지능과 약점지능을 잘 파악하여 강점은 강화하고 약점은 보완해갑니다.

자신의 강점지능?

자신의 약점지능?

(시편 139:1-4) 여호와여 주께서 나를 살펴보셨으므로 나를 아시나이다. 주께서 내가 앉고 일어섬을 아시고 멀리서도 나의 생각을 밝히 아시오며 나의 모든 길과 내가 눕는 것을 살펴보셨으므로 나의 모든 행위를 익히 아시오니 여호와여 내 혀의 말을 알지 못하시는 것이 하나도 없으시나이다.

나보다 나를 더 잘 아시며, 나의 가는 모든 행보 속에서도 가장 좋은 길로 인도하시기 위해, 막힌 담을 주시어 돌아가게 하시고 다시 생각하게 하시며 이끌어 가십니다.

저희들 부족한 소견으로, 가고자 하는 길이 순조롭기만을 바라며 그 길에 장벽이 놓이면 낙담을 하고 힘들어 하지만, 지나고 보면 그 길을 그냥가면 안되기에 막으시며 뚫려있는 하늘의 문을 바라보게 하시고, 그럴 때 마다 영감을 주시며 오묘한 방법으로 이끄시는 경험을 하며 찬사를 보내지 않을 수가 없습니다.

이제는 저희들을 인도하시며 일하시는 것을 알기에 장애물이 나타나면, '아 신호이구나' 하고 바로 지혜를 구하며, 뜻을 구하며, '이것이 바로 동행하는 삶이구나' 감사하며, 막힌 담이 나타나면 반드시 열어놓으신 더 좋은 새 길이 있을 것이기에 잠잠히 기쁜 마음으로 인도 하시는 데로 순종하며 따라갑니다. 저희들에게 진정 동행하는 삶이 무엇인지 깨달아 알게 하여 주시니 감사합니다.

-나 자신을 응원하자, 보다 나은 내일을 꿈꾸며-

나는 누구인가? 어디에서 와서, 어디로 가는가?

무엇이 잘못되었나? 해결책은 무엇인가?

지금 나는 무엇을 해야 되나? 해결하고 싶은 주제는 무엇인가?

해결된 후 기대하는 모습을 그려본다면 어떤 모습인가?

원하는 것이 이루어지는 것은 어떤 의미인가?

그런데 현재 상황은 어떠한가?

앞으로 예상되는 장애물은 어떤 것이 있나?

그럼에도 불구하고 해결할 수 있는 방법들은 어떤 것이 있나?

그 방법들을 실천해볼 의지가 있는가?

언제 시작하면 좋을까? 어떻게 시작하면 좋을까?

어떻게 살고 싶은가?

무엇을 하고 싶은가? 특히 관심 있는 분야는 무엇인가?

일할 때 어떤 부분에 성과를 잘 내는가? 뭐할 때 행복한가?

나는 어느 부분에서 게으른가?

나의 악습관들이 있다면 어떻게 끊을 것인가? 의지는 있는가?

가장 좋았을 때는 언제인가? 가장 힘들었을 때는 언제인가?

나의 삶의 위기의 순간은 언제였고 무엇인가?

위기로 치닫게 한 주된 문제가 무엇이라고 생각하는가?

나는 저축을 하는가? 무엇을 하기 위한 저축인가?

장래를 위해 현재의 욕망을 참아내는가? 절약하는 생활을 하는가?

분수에 맞지 않는 사치스러운 생활을 하는가? 어려운 사람을 위해 마음의 문을 여는가?

나는 정직한 사람인가? 거짓을 말하고, 포장하는 삶을 살고 있는가?

나는 매사에 성실함으로 임하는가?

내 입에서 나오는 말들이 주로 긍정적인 말인가, 부정적인 말인가?

건강을 위해 나는 어떤 노력을 하는가?

나는 감사한 일을 생각하며 써나가는가?

무엇을 읽느냐가 생각을 결정한다. 꿈에 맞는 책을 읽고 있는가?

책을 읽고 중요 요점들을 글로 쓰는가? 행동으로 옮기는가?

그동안 일기를 써왔다면 어떤 방식으로 써왔는가?

[꿈을 이루는 일기]를 쓰며 발로 뛰며 힘들 때 다시 읽어보며, 꿈을 이루어 나가는데 도움이 될 수 있을 것 같은가? 활용방법은?

〈자신의 마음 보듬기〉
-상한 마음은 회복될 수 있습니다.-

(잠언 10:12) 미움은 다툼을 일으켜도 사랑은 모든 허물을 덮느니라.
(베드로전서 4:8) 무엇보다도 뜨겁게 서로 사랑할지니 사랑은 허다한 죄를 덮느니라.

　진정으로 사랑하면서도, 잘 표현하지 못하므로, 상대를 오해하므로, 왜곡된 전달 방법으로 인해 사랑하는 사람의 마음을 슬프게 하고 아프게 하고 급기야는 분노하게 만들곤 합니다. 어렸을 땐 집도 놀던 공간들도 엄청나게 큰 것으로 기억이 됩니다. 어른이 된 후에 추억을 더듬어 그곳에 가보면 생각했던 것보다 작은 공간 이었다는 것을 알게 되고, 놀라 웃게 되는 경험들을 하신 적이 있으실 겁니다. 그렇게 크게 보였던 부모도 어느 순간 너무도 왜소하게 보이기 시작하며 부모를 볼 때 마음이 아파 옴을 느끼게 되는 것 같습니다.
　또 어렸을 때에는 마치 거인 왕국에서 소인이 살아가는 것처럼, 좋은 가정의 성숙된 부모 밑에서 자란 사람은 평안하게 잘 성장할 수 있으나, 자기감정을 조절하지 못하고 성숙되지 못한 부모의 잘못된 양육으로 인해 폭언과 폭행 가운데 노출되어 살 수 밖에 없었던 자녀들에게는, 특히 거인나라의 힐크처럼 실제보다도 더 크게 보이고 힘이 센 것처럼 보여 꼼짝을 못하고 그 불합리함을 당하며 실제보다도 더 큰 압박으로 느껴져, 많은 사람들이 어린 시절 상처로 인해 성인이 되어서도 그 고통의 어린 시절들이, 용서가 안 되고 화해가 안 되고, 그로인해 안에 억눌러 놓았던 것들이 어느 순간 건드려지면 분노로 폭발이 되어, 삶이 피폐해지고 건강을 해치고, 용서되지 않는 마음으로 인해 현재를 살아가는데 자유롭지 못하고 묶임으로 힘들어하는, 그래서 그 고통의 무거운 짐을 지고 삶의 무게에 눌려 버겁게 살아가게 되는 것 같습니다.

먼저 우리 부모들이 그것이 자녀를 사랑하며 바른 길로 인도하기 위한 마음으로 훈계의 차원이었다 할지라도, 자녀가 느끼기에 강한 힘으로 다가와 감당할 수 없는 폭언과 폭행이 되었다면, 우리 부모들은 회개하고 용서를 빌어 자녀들의 마음에 힘들게 했던 부분들로 인해 상처로 가득한 부분을 꿰매주고 만져주고 사랑으로 감싸주고, 자녀 마음이 용서가 될 때까지 다 풀어주어야 하지 않을까 생각합니다.

자녀들에게 잘못된 방법으로 대했던 부분들, 진심으로 용서를 빌 수 있는 마음으로, 사랑을 표현하기를 바랍니다. 사랑만 하기에도 아까운 귀한 자녀들, 마음의 무거운 짐을 벗겨주는 화해의 시간을 뒤로 미루지 말고 속히 행하여 자녀들의 마음을 만져주면 좋을 것 같습니다.

우리 자녀들은 그 부모세대의 잘못된 양육방식으로 인해 상처받은 것들을 다 용서하므로, 갇혀있던 사슬들을 다 끊어 내버리고, 진정 자유로운 영혼이 되어 아름다운 삶을 살아갈 수 있으면 좋겠습니다.

보다 더 사랑의 표현을 잘하기를 바라며, 사랑한다는 미명하에 상대방을 하나의 인격체로 대하는 것이 아니라, 소유물처럼 고치려하고 가르치려하며 그 인생에 깊이 개입하여 조정하려 하지 않기를 바랍니다.

잘못된 사랑의 방법으로 인해 상처를 입히고 시들어 버리게 하는, 그래서 다시 피어나기까지 너무도 힘든 시간들을 아프게 하지 않게, 강자가 약자를 힘으로 다스리지 않게 하여주시고, 섬세한 마음의 표현으로 그저 관심과 배려로 따스한 사랑의 마음을 품고 향기를 발하는 아름답고 성숙된 사랑을 전하므로 인해, 사랑이 필요한 가족이나 이웃이, 그 사랑으로 인해, 건강하게 잘 자라 꽃을 피우고 열매를 맺는데 문제가 없으면 좋겠습니다.

서로를 사랑하는 마음이 넘쳐나 허다한 허물을 덮고 행복을 꿈꾸며 살아가기를 바랍니다. 있는 그대로 자신을 받아들이고, 내가 나를 사랑하고, 부모와 다른 사람을 용서할 수 있기를 바라는 마음입니다.

나 자신을 존중하고, 사랑하는가?

용서가 안 되는 사람이 있는가, 용서하지 못하는 이유는 무엇인가?

어떻게 하면 분노를 사라지게 하고, 분노를 다룰 수 있을까?

(마태복음 16:19) 내가 천국 열쇠를 네게 주리니 네가 땅에서 무엇이든지 매면 하늘에서도 매일 것이요. 네가 땅에서 무엇이든지 풀면 하늘에서도 풀리리라.

맨다는 것은 여러 가지 의미가 있을 것입니다. 죄 성에 매일수도 있고 중독에 매일수도 있고 관계로 인해 용서할 수 없는 것과 용서를 구하지 못하는 매임도 있을 것입니다.

 매듭을 푸는 것이 나 자신의 문제로 국한된, 죄의 문제나 중독의 문제도 쉽지 않지만, 상대와 함께 풀어야 되는 용서의 문제는 더욱 어려울 것 같습니다.

 이 매듭이 풀리지 않고서야 어떻게 살아서 천국을 경험할 수 있으며 주님나라에 소망을 둘 수가 있겠습니까.
힘들고 어렵지만 이생에서 이 작업을 해야만 되리라 봅니다.

 주님 저희들 강팍해져 버린, 닫힌 마음으로는 도저히 용서할 수도 없고 용서를 빌 수 있는 마음이 안됩니다. 저희들을 불쌍히 여겨주시고 성령의 기름을 부으사 저희들의 그릇을 키워주시고 상대를 품을 수 있는 마음을 주소서.

 잘못을 회개하지 않고 인정하지 않고 용서를 빌지도 않는데 어떻게 용서할 수 있단 말인가...

 하지만 잘못을 한, 그 사람의 영혼 깊은 곳에는 잘못을 빌고 싶은, 죄 된 것에서 자유하고 싶은 마음이 있을 것입니다. 단지 용기를 못 내고 인정하고 싶지 않은 부분 때문에 묶인 상태로 서로가 상처투성이인 가슴을 부여안은 채, 신음하며 괴로워하며 인생을 살고 있으며 저 천국을 바라보지도 못하고 살고 있는 것입니다. 서로 용서를 빌고 용서를 하며 묶여 있는 매듭을 풀고 자유 함을 얻을 수 있게 하여주소서. 더 이상 힘든, 막힌 가슴으로 살지 않게 하여주소서.

 용서할 수 있는 마음을 부어주시지 않으면 강팍한 저희들의 마음으론 아무도 용서 할 수 없습니다. 저희들 매듭을 풀기로 결단하오니 도우소서. 더 이상 이런 상태로 살 수는 없습니다. 그 모든 가슴의 응어리들이 몸으로 오고 있습니다. 중독으로 병마로... 저희들을 더 이상 방치하지 말아주소서. 상처들을 만져주시고 치료하여주소서. 관계들을 회복시켜주소서.

매듭이 묶인 채로 평안을 맛보지도 못하고 고통가운데 살다가 주님나라에 들어가지도 못하는 오류를 범하지 않게 하여주소서.

매듭이 풀어지는 기적을 허락하여주소서. 서로 사랑하며 서로 보듬으며 함께 살아가는 아름다운 세상이 되게 하여주소서.

(에베소서 4:31,32) 너희는 모든 악독과 노함과 분 냄과 떠드는 것과 비방하는 것을 모든 악의와 함께 버리고, 서로 친절하게 하며 불쌍히 여기며 서로 용서하기를 하나님이 그리스도 안에서 너희를 용서하심과 같이 하라.

모든 것을 용서했다고 하는 겉모습과는 달리, 어느 순간 그 문제를 건드리게 되면 단 한 가지도 용서한 것이 없는 것처럼, 내 속에 분노로 가득한 것이 밀고 올라오는 것을 볼 수 있습니다. 외부에서 가해진 고통으로 인하여 상처를 받고 피해의식으로 나타난, 이 분노로 인해 기쁨을 잃어버리고 우울함과 부정적인 생각으로 나 자신을 파괴하는 지경까지 이르게 됨을 봅니다.

플라톤은 용기 있는 자만이 분노할 수 있고, 아리스토텔레스 역시 화를 낼만한 일이나 대상에 대해 적절한 때에 화를 내는 일은 칭찬받을 만하고, 이것은 미덕이라고 말했고, 아우구스티누스는 분노 자체를 악으로 보지 않고, 잘못된 것에 형벌을 가하려는 심판과 관련시켜 분노를 이해했습니다. 토마스 아퀴나스도 분노가 자연스러운 감정의 표현이고, 자신이나 어떤 특정한 대상에 가해진 위협이나 상처 때문에 촉발되는 반응이며, 더 나아가 불의에 대한 강렬한 반응이라고 생각했습니다. 현대 기독교 상담학자들도 분노는 사람들에게 어려운 일이나 위협적인 상황에 대처할 힘을 얻게 하고 동기를 부여해 주시기 위하여 하나님께서 고안해 주신 내면적 반응이라고 합니다. 성경에 나오는 인물들도 분노했습니다. 돌 판을 던진 모세, 골리앗을 죽인 다윗 등 특히 의로운 분노의 대표적인 예는 예수님이시고, 분노하시는 하나님에 대해서도 언급합니다.

그러나 분노 자체를 악이라고 볼 수는 없지만, 인간이 분노를 발할 때 문제가 되는 것은 그것이 통제하는 것이 쉽지 않기 때문입니다. 정당한 대가로 갚아주는 정의의 수준을 유지하는 것이 어렵다는 것입니다. 분노는 영혼을 어둡게 하는 가장 극렬한 감정이기 때문에 기도조차 할 수 없게 만들어 버립니다.

의식세계와는 달리 분노의 그림자가 무의식인 내 안에 깊숙이 파고들어 있음을 인식하면서 그 분노가 나를 지배하지 않도록 경계해야함을 압니다. 하지만 내 의지와는 상관없이 내 무의식속에 깊이 들어있던 이 분노가 어느 계기로 인해 건드려지면, 걷잡을 수 없이 쏟아져 나오며 통제하기 힘든 상황까지 치닫고 맙니다.

주어진 상황 속에서 헤어 나오지 못하고 분노는 쌓여져만 가게 되는데 현실을 떠날 용기가 없기에 그 안에서 분노의 그림자를 직면하고 의식화하여 창의적 힘으로 전환하고자 하는 갈망이 생겼습니다. 그것은 바로 내안에 갇혀 터질 것 같은 마음을 감당하지 못하고 힘들어 하는 대신, 나를 벗어버리고 이타적인 마음으로 내 마음의 초점을 주변에 어렵고 힘든 이들에게 눈을 돌려 그들을 품으며 그들을 회복시키는 일을 하려고 관심사를 밖으로 돌렸습니다.
나의 고통에만 몰입했던 것을 시야를 밖으로 돌려 승화된 삶으로 전환하고자하는 마음이 생기자, 그 모든 나를 괴롭히고 힘들게 했던 그림자는 눈 녹듯 사라지며, 나의 마음 상태는 현실의 암울함에 머물지 않고 저 멀리 푯대를 바라보며 새 소망으로 열정으로 기쁨으로 바뀌게 되며, 분노했던 모든 것들이 하찮고 아무렇지 않은 것으로 여겨지게 되었습니다.

내 인생에 상실된 부분이 있다면 어떻게 회복될 수 있도록 하는가?

과거 환경으로부터 오는 상처가 있는가?

그 상처를 치유하기 위해 나는 어떻게 하는가?

마음속에 두려움이 있는가? 그 두려움이 무엇인가?

왜 그것이 두렵다고 생각하는가?

그 두려움을 해결할 수 있는 것은 무엇이라고 생각하는가?

나에게 수치심이 있는가? 수치심이 있다면 그것을 극복하기 위해 어떻게 하면 좋을 까?

나의 상처, 트라우마는 무엇이며, 어떻게 극복할 수 있을까?

이 문제들을 다 없던 것으로 하고, 온전히 회복되기란 쉽지가 않습니다. 대신 새로운 '정상'을 만들어야 하며, 회복의 궤도로 옮겨갈 수 있도록 해야 합니다. 가장 좋은 방법은 '상처입은 치유자'가 되어, 같은 어려움에 처한 이들을 회복할 수 있도록 도와주므로, 상한 마음으로부터 자유롭게 되는 것입니다. 바로 자신을 승화시키는 방법입니다.

흠 없고 부족한 부분이 없는 인간은 없습니다. 남들이 자신에 대해 어떻게 생각하고, 무슨 말을 하는지 신경을 곤두세우면, 우울함에서 벗어나지 못합니다. 자긍심을 가지고 자존감을 높여야만 합니다. 잘난 사람은 잘나서 살고, 못난 사람은 제 잘난 맛에 삽니다. 하늘에서 보면 다 도토리 키 재기, 거기서 거기, 부족함 투성이인 인간들에 불과합니다. 나는 나인 것입니다. 누가 뭐래도 나는 나를 사랑하고 나의 강점을 강화하고 소망을 가지고 승리하고야 말 것이라는 강한 의지로 나아가면 됩니다. 모든 열등감, 수치심, 부정적인 생각, 우울함 등으로 오는 영혼과 육체의 나약함들 다 떨쳐버리고 푯대를 향하여 나가 깃발을 꽂으시기를 바라는 마음입니다.

〈꿈꾸는 자에게는 절망은 없다〉

꿈은 꾸지만, 생각만으로 그치고 있는가? 발로 뛰며 실천하는가?

주어진 곳에서 안 된다고만 말하지 말고, 한 번 더 시도해 보았는가?

능력의 한계를 느끼며 포기하고 있는가? 과감히 도전하는가?

실패했다고 포기하며 좌절하고 있는가?

우울해하며 부정적인 생각으로 풀죽어있는가?

재도전을 해보기도 전에 체념하고 있는가?

스펙도 재정능력도 부모의 배경도 부족하다고 기죽어있는가?

목적이 있어야 실천할 수 있다. 목적이 없으면 만들고 목적을 잃었으면 찾아라. 자신의 인생의 목적을 찾았는가?

분명한 목적이 있을 때 성공할 수 있다. 분명한 목적이 있는가?

나는 감사하는 습관을 가지고 있나? 불평하는 습관을 가지고 있나?

나 자신을 남과 비교하며 힘들어 하는가? 어제보다 나은 내일을 꿈꾸며 오늘을 힘차게 살아가는가?

삶이 불행하다고 느끼는가? 나에게 감사할 것이 몇 개나 되는가?

나는 꿈을 이룬 사람인가? 잃은 사람인가?

나는 상위 몇 프로에 속하나? 그런 경쟁이 중요하다고 생각하는가?

나는 현실에 충실한가? 충실하기 위해 나는 무엇을 하는가?

나는 어떤 중독을 가지고 있는가? 없애기 위해 무엇을 하는가?

더 이상 중독에 의존하며 살지 않겠다는 강한 의지가 있는가?

변화를 위해 새로운 선택을 할 수 있는가?

소명을 찾았는가? 찾았다면 그 소명은 무엇인가?

찾은 소명을 어떻게 이룰 것인가?

남에게 의존하며 살아가는가, 독립이라는 모험을 감행하는가?

인생의 계획은 가지고 있는가?

나는 무엇을 믿고 있는가? 믿는 이유는 무엇인가?

오늘의 고난은 내일의 극복을 위한 자양분이다. 나의 고난은?

고난을 딛고 일어설 힘은 있는가? 어떤 이길 힘을 가지고 있는가?

고난을 이길 힘을 얻기 위해 나 자신을 위해 무엇을 하고 있는가?

시간 관리는 잘 하고 있는가?

주어진 환경에 만족하지 않고, 새로운 세계를 위한 창의적인 사고를 하는가?

창의적인 발상을 했다면, 단계적인 전략을 가지고 있는가?

비상하기 위해서는 결단이 필요한데, 실행할 의지가 있는가?

넘어야할 장벽은 무엇인가?

나는 목표지향적인 삶을 살고 있는가?

나에게 가슴 뛰게 하는 일이란?

꿈의 확신이 생긴다면 포기하지 않고 끝까지 할 각오가 되어있는가?

벼랑 끝에 서는 용기를 가져보겠는가?

실패로 인해 좌절하고 있는가, 실패를 승리의 경험으로 만들겠는가?

세상을 살아가기 위해 자신의 주관과 소신을 가지고 있는가?

기회가 왔을 때 잡을 수 있는 실력을 쌓고 있는가?

배운 것 이상으로 실천하고 있는가?

겸손하며 부드럽게 말하고 행동하는가?

나는 리더십이 있는가? 무엇이 리더십을 만든다고 생각하는가?

나는 지혜로운 자인가? 지식은 많으나 지혜가 부족한가?

더 높은 비상을 위해 나는 무엇을 하는가?

나는 소망을 가지고 있는가?

소망을 이루기 위한 마음속의 설계도를 종이에 그리고 있는가?

계획하며 우선순위를 설정하며 시간을 배분하는가?

시간이 낭비되는 요소를 파악하고 제거하는가?

자기관리를 위해 나는 무엇을 하고 있는가?

성공하고 싶은가? 인생에서의 성공을 위해 무엇을 하는가?

나의 가야할 길은 분명하며, 확고한 의지로 그 길을 갈 것인가?

그 길은 내면으로부터 우러나온 참된 가치가 있는 길인가?

참된 가치가 있는 것이라면 목표를 확립하고 행동하겠는가?

상대방이 말할 때 잘 경청하고 이해하고 반응을 잘하는가?

상대방을 솔직하고 진지하게 칭찬하는가?

진심에서 우러나온 감사를 표현하고 있는가?

나의 좋은 습관은 무엇이며, 나쁜 습관은 무엇인가?

새로운 좋은 습관을 얻기 위해 어떤 노력을 하고 있는가?

잘못했을 때는 솔직히 인정 할 수 있는가?

위대한 사람과 하찮은 사람의 차이는 무엇이라 생각하는가?

 성공하지 않으려면 시작하지도 않았다는 불굴의 의지를 가지고 열정적으로 임할 때, 진지하고 곧은 결단력이 있을 때, 위대한 사람은 만들어 진다고 생각합니다.

(잠언 24:16) 대저 의인은 일곱 번 넘어질지라도 다시 일어나려니와 악인은 재앙으로 말미암아 엎드러지느니라.

(요한복음 14:27) 평안을 너희에게 끼치노니 곧 나의 평안을 너희에게 주노라 내가 너희에게 주는 것은 세상이 주는 것과 같지 아니 하니라 너희는 마음에 근심 하지도 말고 두려워하지도 말라.

(시편 30:11) 주께서 나의 슬픔이 변하여 내게 춤이 되게 하시며 나의 베옷을 벗기고 기쁨으로 띠 띠우셨나이다.

 어려움에 처했어도 포기하지 않고 비관하지 않고 그 가운데서도 다시금 일어서려고 애쓰며 간절히 구하며 기쁨으로 감사로 밝고 아름답게 살아가는 이들을, 축복하시고 힘을 실어주시고 자존감을 가지고 살아가게 하여주시고 자존심을 일으켜 세워주시고 비굴함에서 벗어나게 하시고 세상을 당당하게 살아가게 하십니다.

 아무리 쓰러져도, 예수 그리스도께서 십자가에 못 박혀 죽으시고 사흘 만에 다시 살아 나셔서 부활하시고 하늘에 오르시며, 주를 믿는 자에게 성령을 보내주셔서, (인간은 죄 성으로 가득 차 아무리 노력하고 고행을 한다고 해도 우리 힘만 가지고는 할 수 없으나) 내안에 성령님의 도우심으로, 오래 넘어져 있지 않고 다시 일어날 수 있습니다.

왜? 예수 그리스도만이 길이요 진리라고 말하는가? 기독교는 너무 독선적이라 말합니다.

아무리 인간 스스로 애를 써도, 경지에 다다른다고 해도 한순간 무너져 버리는 게 인간인데, 자연스럽게 참 진리의 길로 갈 수 있도록 내 안에 성령님이 도우십니다.

'진리를 알지니 진리가 너희를 자유케 하리라'
예수 그리스도안에 온전히 거하기만 하면 참 진리를 따라갈 수 있도록 인도하시기에, 평안한 마음으로 자유롭게 주님의 은혜로 내면 깊이 우러나오는 기쁨과 감사로 세상을 이기며 살아갈 수 있게 해주십니다.

세상이 줄 수 없는 평안을 주시고, 지난날 슬픔이 변하여 춤이 되게 하시며, 기쁨으로 살아가게 하여주시는 주님의 말씀을 전해 듣고 가슴으로 받아들여 많은 사람들이 세상을 넉넉히 이기며 참된 기쁨을 누리게 되시기를 바라는 마음입니다.

나에게 세상을 이길 힘이란 무엇인가?

〈비전보드〉

가슴 뛰는 일	
잘하는 일	
버킷리스트	하고 싶은 것	
	갖고 싶은 것	
	가고 싶은 곳	
구체적 목표	장 기	
	중 기	
	단 기	
	성취한 일	

감사한 일 :

오늘 실행한 일 :

아이디어 메모 :

독서 키워드 :

감사한 일 :

오늘 실행한 일 :

아이디어 메모 :

독서 키워드 :

감사한 일 :

오늘 실행한 일 :

아이디어 메모 :

독서 키워드 :

감사한 일 :

오늘 실행한 일 :

아이디어 메모 :

독서 키워드 :

감사한 일 :

오늘 실행한 일 :

아이디어 메모 :

독서 키워드 :

감사한 일 :

오늘 실행한 일 :

아이디어 메모 :

독서 키워드 :

감사한 일 :

오늘 실행한 일 :

아이디어 메모 :

독서 키워드 :

감사한 일 :

오늘 실행한 일 :

아이디어 메모 :

독서 키워드 :

감사한 일 :

오늘 실행한 일 :

아이디어 메모 :

독서 키워드 :

감사한 일 :

오늘 실행한 일 :

아이디어 메모 :

독서 키워드 :

감사한 일 :

오늘 실행한 일 :

아이디어 메모 :

독서 키워드 :

감사한 일 :

오늘 실행한 일 :

아이디어 메모 :

독서 키워드 :

감사한 일 :

오늘 실행한 일 :

아이디어 메모 :

독서 키워드 :

감사한 일 :

오늘 실행한 일 :

아이디어 메모 :

독서 키워드 :

감사한 일 :

오늘 실행한 일 :

아이디어 메모 :

독서 키워드 :

감사한 일 :

오늘 실행한 일 :

아이디어 메모 :

독서 키워드 :

감사한 일 :

오늘 실행한 일 :

아이디어 메모 :

독서 키워드 :

감사한 일 :

오늘 실행한 일 :

아이디어 메모 :

독서 키워드 :

감사한 일 :

오늘 실행한 일 :

아이디어 메모 :

독서 키워드 :

감사한 일 :

오늘 실행한 일 :

아이디어 메모 :

독서 키워드 :

감사한 일 :

오늘 실행한 일 :

아이디어 메모 :

독서 키워드 :

감사한 일 :

오늘 실행한 일 :

아이디어 메모 :

독서 키워드 :

감사한 일 :

오늘 실행한 일 :

아이디어 메모 :

독서 키워드 :

감사한 일 :

오늘 실행한 일 :

아이디어 메모 :

독서 키워드 :

감사한 일 :

오늘 실행한 일 :

아이디어 메모 :

독서 키워드 :

감사한 일 :

오늘 실행한 일 :

아이디어 메모 :

독서 키워드 :

감사한 일 :

오늘 실행한 일 :

아이디어 메모 :

독서 키워드 :

감사한 일 :

오늘 실행한 일 :

아이디어 메모 :

독서 키워드 :

감사한 일 :

오늘 실행한 일 :

아이디어 메모 :

독서 키워드 :

감사한 일 :

오늘 실행한 일 :

아이디어 메모 :

독서 키워드 :

감사한 일 :

오늘 실행한 일 :

아이디어 메모 :

독서 키워드 :

감사한 일 :

오늘 실행한 일 :

아이디어 메모 :

독서 키워드 :

감사한 일 :

오늘 실행한 일 :

아이디어 메모 :

독서 키워드 :

감사한 일 :

오늘 실행한 일 :

아이디어 메모 :

독서 키워드 :

감사한 일 :

오늘 실행한 일 :

아이디어 메모 :

독서 키워드 :

감사한 일 :

오늘 실행한 일 :

아이디어 메모 :

독서 키워드 :

감사한 일 :

오늘 실행한 일 :

아이디어 메모 :

독서 키워드 :

감사한 일 :

오늘 실행한 일 :

아이디어 메모 :

독서 키워드 :

감사한 일 :

오늘 실행한 일 :

아이디어 메모 :

독서 키워드 :

감사한 일 :

오늘 실행한 일 :

아이디어 메모 :

독서 키워드 :

감사한 일 :

오늘 실행한 일 :

아이디어 메모 :

독서 키워드 :

감사한 일 :

오늘 실행한 일 :

아이디어 메모 :

독서 키워드 :

감사한 일 :

오늘 실행한 일 :

아이디어 메모 :

독서 키워드 :

감사한 일 :

오늘 실행한 일 :

아이디어 메모 :

독서 키워드 :

감사한 일 :

오늘 실행한 일 :

아이디어 메모 :

독서 키워드 :

감사한 일 :

오늘 실행한 일 :

아이디어 메모 :

독서 키워드 :

감사한 일 :

오늘 실행한 일 :

아이디어 메모 :

독서 키워드 :

감사한 일 :

오늘 실행한 일 :

아이디어 메모 :

독서 키워드 :

감사한 일 :

오늘 실행한 일 :

아이디어 메모 :

독서 키워드 :

감사한 일 :

오늘 실행한 일 :

아이디어 메모 :

독서 키워드 :

감사한 일 :

오늘 실행한 일 :

아이디어 메모 :

독서 키워드 :

감사한 일 :

오늘 실행한 일 :

아이디어 메모 :

독서 키워드 :

감사한 일 :

오늘 실행한 일 :

아이디어 메모 :

독서 키워드 :

감사한 일 :

오늘 실행한 일 :

아이디어 메모 :

독서 키워드 :

감사한 일 :

오늘 실행한 일 :

아이디어 메모 :

독서 키워드 :

감사한 일 :

오늘 실행한 일 :

아이디어 메모 :

독서 키워드 :

감사한 일 :

오늘 실행한 일 :

아이디어 메모 :

독서 키워드 :

감사한 일 :

오늘 실행한 일 :

아이디어 메모 :

독서 키워드 :

감사한 일 :

오늘 실행한 일 :

아이디어 메모 :

독서 키워드 :

감사한 일 :

오늘 실행한 일 :

아이디어 메모 :

독서 키워드 :

감사한 일 :

오늘 실행한 일 :

아이디어 메모 :

독서 키워드 :

감사한 일 :

오늘 실행한 일 :

아이디어 메모 :

독서 키워드 :

감사한 일 :

오늘 실행한 일 :

아이디어 메모 :

독서 키워드 :

감사한 일 :

오늘 실행한 일 :

아이디어 메모 :

독서 키워드 :

감사한 일 :

오늘 실행한 일 :

아이디어 메모 :

독서 키워드 :

감사한 일 :

오늘 실행한 일 :

아이디어 메모 :

독서 키워드 :

감사한 일 :

오늘 실행한 일 :

아이디어 메모 :

독서 키워드 :

감사한 일 :

오늘 실행한 일 :

아이디어 메모 :

독서 키워드 :

감사한 일 :

오늘 실행한 일 :

아이디어 메모 :

독서 키워드 :

감사한 일 :

오늘 실행한 일 :

아이디어 메모 :

독서 키워드 :

감사한 일 :

오늘 실행한 일 :

아이디어 메모 :

독서 키워드 :

감사한 일 :

오늘 실행한 일 :

아이디어 메모 :

독서 키워드 :

감사한 일 :

오늘 실행한 일 :

아이디어 메모 :

독서 키워드 :

감사한 일 :

오늘 실행한 일 :

아이디어 메모 :

독서 키워드 :

감사한 일 :

오늘 실행한 일 :

아이디어 메모 :

독서 키워드 :

감사한 일 :

오늘 실행한 일 :

아이디어 메모 :

독서 키워드 :

감사한 일 :

오늘 실행한 일 :

아이디어 메모 :

독서 키워드 :

감사한 일 :

오늘 실행한 일 :

아이디어 메모 :

독서 키워드 :

감사한 일 :

오늘 실행한 일 :

아이디어 메모 :

독서 키워드 :

감사한 일 :

오늘 실행한 일 :

아이디어 메모 :

독서 키워드 :

감사한 일 :

오늘 실행한 일 :

아이디어 메모 :

독서 키워드 :

감사한 일 :

오늘 실행한 일 :

아이디어 메모 :

독서 키워드 :

감사한 일 :

오늘 실행한 일 :

아이디어 메모 :

독서 키워드 :

감사한 일 :

오늘 실행한 일 :

아이디어 메모 :

독서 키워드 :

감사한 일 :

오늘 실행한 일 :

아이디어 메모 :

독서 키워드 :

감사한 일 :

오늘 실행한 일 :

아이디어 메모 :

독서 키워드 :

감사한 일 :

오늘 실행한 일 :

아이디어 메모 :

독서 키워드 :

감사한 일 :

오늘 실행한 일 :

아이디어 메모 :

독서 키워드 :

감사한 일 :

오늘 실행한 일 :

아이디어 메모 :

독서 키워드 :

감사한 일 :

오늘 실행한 일 :

아이디어 메모 :

독서 키워드 :

감사한 일 :

오늘 실행한 일 :

아이디어 메모 :

독서 키워드 :

감사한 일 :

오늘 실행한 일 :

아이디어 메모 :

독서 키워드 :

감사한 일 :

오늘 실행한 일 :

아이디어 메모 :

독서 키워드 :

감사한 일 :

오늘 실행한 일 :

아이디어 메모 :

독서 키워드 :

감사한 일 :

오늘 실행한 일 :

아이디어 메모 :

독서 키워드 :

감사한 일 :

오늘 실행한 일 :

아이디어 메모 :

독서 키워드 :

감사한 일 :

오늘 실행한 일 :

아이디어 메모 :

독서 키워드 :

감사한 일 :

오늘 실행한 일 :

아이디어 메모 :

독서 키워드 :

감사한 일 :

오늘 실행한 일 :

아이디어 메모 :

독서 키워드 :

감사한 일 :

오늘 실행한 일 :

아이디어 메모 :

독서 키워드 :

감사한 일 :

오늘 실행한 일 :

아이디어 메모 :

독서 키워드 :

감사한 일 :

오늘 실행한 일 :

아이디어 메모 :

독서 키워드 :

감사한 일 :

오늘 실행한 일 :

아이디어 메모 :

독서 키워드 :

감사한 일 :

오늘 실행한 일 :

아이디어 메모 :

독서 키워드 :

감사한 일 :

오늘 실행한 일 :

아이디어 메모 :

독서 키워드 :

감사한 일 :

오늘 실행한 일 :

아이디어 메모 :

독서 키워드 :

감사한 일 :

오늘 실행한 일 :

아이디어 메모 :

독서 키워드 :

감사한 일 :

오늘 실행한 일 :

아이디어 메모 :

독서 키워드 :

감사한 일 :

오늘 실행한 일 :

아이디어 메모 :

독서 키워드 :

감사한 일 :

오늘 실행한 일 :

아이디어 메모 :

독서 키워드 :

감사한 일 :

오늘 실행한 일 :

아이디어 메모 :

독서 키워드 :

감사한 일 :

오늘 실행한 일 :

아이디어 메모 :

독서 키워드 :

감사한 일 :

오늘 실행한 일 :

아이디어 메모 :

독서 키워드 :

감사한 일 :

오늘 실행한 일 :

아이디어 메모 :

독서 키워드 :

감사한 일 :

오늘 실행한 일 :

아이디어 메모 :

독서 키워드 :

감사한 일 :

오늘 실행한 일 :

아이디어 메모 :

독서 키워드 :

감사한 일 :

오늘 실행한 일 :

아이디어 메모 :

독서 키워드 :

감사한 일 :

오늘 실행한 일 :

아이디어 메모 :

독서 키워드 :

감사한 일 :

오늘 실행한 일 :

아이디어 메모 :

독서 키워드 :

감사한 일 :

오늘 실행한 일 :

아이디어 메모 :

독서 키워드 :

감사한 일 :

오늘 실행한 일 :

아이디어 메모 :

독서 키워드 :

감사한 일 :

오늘 실행한 일 :

아이디어 메모 :

독서 키워드 :

감사한 일 :

오늘 실행한 일 :

아이디어 메모 :

독서 키워드 :

감사한 일 :

오늘 실행한 일 :

아이디어 메모 :

독서 키워드 :

감사한 일 :

오늘 실행한 일 :

아이디어 메모 :

독서 키워드 :

감사한 일 :

오늘 실행한 일 :

아이디어 메모 :

독서 키워드 :

감사한 일 :

오늘 실행한 일 :

아이디어 메모 :

독서 키워드 :

감사한 일 :

오늘 실행한 일 :

아이디어 메모 :

독서 키워드 :

감사한 일 :

오늘 실행한 일 :

아이디어 메모 :

독서 키워드 :

감사한 일 :

오늘 실행한 일 :

아이디어 메모 :

독서 키워드 :

감사한 일 :

오늘 실행한 일 :

아이디어 메모 :

독서 키워드 :

감사한 일 :

오늘 실행한 일 :

아이디어 메모 :

독서 키워드 :

감사한 일 :

오늘 실행한 일 :

아이디어 메모 :

독서 키워드 :

감사한 일 :

오늘 실행한 일 :

아이디어 메모 :

독서 키워드 :

감사한 일 :

오늘 실행한 일 :

아이디어 메모 :

독서 키워드 :

감사한 일 :

오늘 실행한 일 :

아이디어 메모 :

독서 키워드 :

감사한 일 :

오늘 실행한 일 :

아이디어 메모 :

독서 키워드 :

감사한 일 :

오늘 실행한 일 :

아이디어 메모 :

독서 키워드 :

감사한 일 :

오늘 실행한 일 :

아이디어 메모 :

독서 키워드 :

감사한 일 :

오늘 실행한 일 :

아이디어 메모 :

독서 키워드 :

감사한 일 :

오늘 실행한 일 :

아이디어 메모 :

독서 키워드 :

감사한 일 :

오늘 실행한 일 :

아이디어 메모 :

독서 키워드 :

감사한 일 :

오늘 실행한 일 :

아이디어 메모 :

독서 키워드 :

감사한 일 :

오늘 실행한 일 :

아이디어 메모 :

독서 키워드 :

감사한 일 :

오늘 실행한 일 :

아이디어 메모 :

독서 키워드 :

감사한 일 :

오늘 실행한 일 :

아이디어 메모 :

독서 키워드 :

감사한 일 :

오늘 실행한 일 :

아이디어 메모 :

독서 키워드 :

감사한 일 :

오늘 실행한 일 :

아이디어 메모 :

독서 키워드 :

감사한 일 :

오늘 실행한 일 :

아이디어 메모 :

독서 키워드 :

감사한 일 :

오늘 실행한 일 :

아이디어 메모 :

독서 키워드 :

감사한 일 :

오늘 실행한 일 :

아이디어 메모 :

독서 키워드 :

감사한 일 :

오늘 실행한 일 :

아이디어 메모 :

독서 키워드 :

감사한 일 :

오늘 실행한 일 :

아이디어 메모 :

독서 키워드 :

감사한 일 :

오늘 실행한 일 :

아이디어 메모 :

독서 키워드 :

감사한 일 :

오늘 실행한 일 :

아이디어 메모 :

독서 키워드 :

감사한 일 :

오늘 실행한 일 :

아이디어 메모 :

독서 키워드 :

감사한 일 :

오늘 실행한 일 :

아이디어 메모 :

독서 키워드 :

감사한 일 :

오늘 실행한 일 :

아이디어 메모 :

독서 키워드 :

감사한 일 :

오늘 실행한 일 :

아이디어 메모 :

독서 키워드 :

감사한 일 :

오늘 실행한 일 :

아이디어 메모 :

독서 키워드 :

감사한 일 :

오늘 실행한 일 :

아이디어 메모 :

독서 키워드 :

감사한 일 :

오늘 실행한 일 :

아이디어 메모 :

독서 키워드 :

감사한 일 :

오늘 실행한 일 :

아이디어 메모 :

독서 키워드 :

감사한 일 :

오늘 실행한 일 :

아이디어 메모 :

독서 키워드 :

감사한 일 :

오늘 실행한 일 :

아이디어 메모 :

독서 키워드 :

감사한 일 :

오늘 실행한 일 :

아이디어 메모 :

독서 키워드 :

감사한 일 :

오늘 실행한 일 :

아이디어 메모 :

독서 키워드 :

감사한 일 :

오늘 실행한 일 :

아이디어 메모 :

독서 키워드 :

감사한 일 :

오늘 실행한 일 :

아이디어 메모 :

독서 키워드 :

〈비전보드〉

가슴 뛰는 일	
잘하는 일	
버킷리스트	하고 싶은 것
	갖고 싶은 것
	가고 싶은 곳
구체적 목표	장 기
	중 기
	단 기
	성취한 일

감사한 일 :

오늘 실행한 일 :

아이디어 메모 :

독서 키워드 :

감사한 일 :

오늘 실행한 일 :

아이디어 메모 :

독서 키워드 :

감사한 일 :

오늘 실행한 일 :

아이디어 메모 :

독서 키워드 :

감사한 일 :

오늘 실행한 일 :

아이디어 메모 :

독서 키워드 :

감사한 일 :

오늘 실행한 일 :

아이디어 메모 :

독서 키워드 :

감사한 일 :

오늘 실행한 일 :

아이디어 메모 :

독서 키워드 :

감사한 일 :

오늘 실행한 일 :

아이디어 메모 :

독서 키워드 :

감사한 일 :

오늘 실행한 일 :

아이디어 메모 :

독서 키워드 :

감사한 일 :

오늘 실행한 일 :

아이디어 메모 :

독서 키워드 :

감사한 일 :

오늘 실행한 일 :

아이디어 메모 :

독서 키워드 :

감사한 일 :

오늘 실행한 일 :

아이디어 메모 :

독서 키워드 :

감사한 일 :

오늘 실행한 일 :

아이디어 메모 :

독서 키워드 :

감사한 일 :

오늘 실행한 일 :

아이디어 메모 :

독서 키워드 :

감사한 일 :

오늘 실행한 일 :

아이디어 메모 :

독서 키워드 :

감사한 일 :

오늘 실행한 일 :

아이디어 메모 :

독서 키워드 :

〈비전보드〉

가슴 뛰는 일	
잘하는 일	
버킷리스트	하고 싶은 것
	갖고 싶은 것
	가고 싶은 곳
구체적 목표	장 기
	중 기
	단 기
	성취한 일

감사한 일 :

오늘 실행한 일 :

아이디어 메모 :

독서 키워드 :

감사한 일 :

오늘 실행한 일 :

아이디어 메모 :

독서 키워드 :

감사한 일 :

오늘 실행한 일 :

아이디어 메모 :

독서 키워드 :

감사한 일 :

오늘 실행한 일 :

아이디어 메모 :

독서 키워드 :

감사한 일 :

오늘 실행한 일 :

아이디어 메모 :

독서 키워드 :

감사한 일 :

오늘 실행한 일 :

아이디어 메모 :

독서 키워드 :

감사한 일 :

오늘 실행한 일 :

아이디어 메모 :

독서 키워드 :

감사한 일 :

오늘 실행한 일 :

아이디어 메모 :

독서 키워드 :

감사한 일 :

오늘 실행한 일 :

아이디어 메모 :

독서 키워드 :

감사한 일 :

오늘 실행한 일 :

아이디어 메모 :

독서 키워드 :

감사한 일 :

오늘 실행한 일 :

아이디어 메모 :

독서 키워드 :

감사한 일 :

오늘 실행한 일 :

아이디어 메모 :

독서 키워드 :

감사한 일 :

오늘 실행한 일 :

아이디어 메모 :

독서 키워드 :

감사한 일 :

오늘 실행한 일 :

아이디어 메모 :

독서 키워드 :

감사한 일 :

오늘 실행한 일 :

아이디어 메모 :

독서 키워드 :

〈비전보드〉

가슴 뛰는 일	
잘하는 일	
버킷리스트	하고 싶은 것
	갖고 싶은 것
	가고 싶은 곳
구체적 목표	장 기
	중 기
	단 기
	성취한 일

감사한 일 :

오늘 실행한 일 :

아이디어 메모 :

독서 키워드 :

감사한 일 :

오늘 실행한 일 :

아이디어 메모 :

독서 키워드 :

감사한 일 :

오늘 실행한 일 :

아이디어 메모 :

독서 키워드 :

감사한 일 :

오늘 실행한 일 :

아이디어 메모 :

독서 키워드 :

감사한 일 :

오늘 실행한 일 :

아이디어 메모 :

독서 키워드 :

감사한 일 :

오늘 실행한 일 :

아이디어 메모 :

독서 키워드 :

감사한 일 :

오늘 실행한 일 :

아이디어 메모 :

독서 키워드 :

감사한 일 :

오늘 실행한 일 :

아이디어 메모 :

독서 키워드 :

감사한 일 :

오늘 실행한 일 :

아이디어 메모 :

독서 키워드 :

감사한 일 :

오늘 실행한 일 :

아이디어 메모 :

독서 키워드 :

감사한 일 :

오늘 실행한 일 :

아이디어 메모 :

독서 키워드 :

감사한 일 :

오늘 실행한 일 :

아이디어 메모 :

독서 키워드 :

감사한 일 :

오늘 실행한 일 :

아이디어 메모 :

독서 키워드 :

감사한 일 :

오늘 실행한 일 :

아이디어 메모 :

독서 키워드 :

감사한 일 :

오늘 실행한 일 :

아이디어 메모 :

독서 키워드 :

감사한 일 :

오늘 실행한 일 :

아이디어 메모 :

독서 키워드 :

감사한 일 :

오늘 실행한 일 :

아이디어 메모 :

독서 키워드 :

감사한 일 :

오늘 실행한 일 :

아이디어 메모 :

독서 키워드 :

감사한 일 :

오늘 실행한 일 :

아이디어 메모 :

독서 키워드 :

감사한 일 :

오늘 실행한 일 :

아이디어 메모 :

독서 키워드 :

감사한 일 :

오늘 실행한 일 :

아이디어 메모 :

독서 키워드 :

〈비전보드〉

가슴 뛰는 일		
잘하는 일		
버킷리스트	하고 싶은 것	
	갖고 싶은 것	
	가고 싶은 곳	
구체적 목표	장 기	
	중 기	
	단 기	
	성취한 일	

감사한 일 :

오늘 실행한 일 :

아이디어 메모 :

독서 키워드 :

감사한 일 :

오늘 실행한 일 :

아이디어 메모 :

독서 키워드 :

감사한 일 :

오늘 실행한 일 :

아이디어 메모 :

독서 키워드 :

감사한 일 :

오늘 실행한 일 :

아이디어 메모 :

독서 키워드 :

감사한 일 :

오늘 실행한 일 :

아이디어 메모 :

독서 키워드 :

감사한 일 :

오늘 실행한 일 :

아이디어 메모 :

독서 키워드 :

감사한 일 :

오늘 실행한 일 :

아이디어 메모 :

독서 키워드 :

감사한 일 :

오늘 실행한 일 :

아이디어 메모 :

독서 키워드 :

감사한 일 :

오늘 실행한 일 :

아이디어 메모 :

독서 키워드 :

감사한 일 :

오늘 실행한 일 :

아이디어 메모 :

독서 키워드 :

감사한 일 :

오늘 실행한 일 :

아이디어 메모 :

독서 키워드 :

감사한 일 :

오늘 실행한 일 :

아이디어 메모 :

독서 키워드 :

감사한 일 :

오늘 실행한 일 :

아이디어 메모 :

독서 키워드 :

감사한 일 :

오늘 실행한 일 :

아이디어 메모 :

독서 키워드 :

[꿈을 이루어 가며]

이루어진 일 :

이루어갈 일 :

[꿈을 이루어 가며]

유언장 :

묘비명 :